LA VIDA
ESE PARÉNTESIS

Mario Benedetti

La vida
ese paréntesis

LA VIDA ESE PARÉNTESIS
© 1998, Mario Benedetti

 ALFAGUARA^MR

De esta edición:
© D. R. 1998, Aguilar, Altea, Taurus, Alfaguara, S.A. de C.V.
Av. Universidad 767, Col. del Valle
México, 03100, D.F. Teléfono 688 8966
www.alfaguara.com

- Distribuidora y Editora Aguilar, Altea, Taurus, Alfaguara, S.A.
  Calle 80 Núm. 1023. Bogotá, Colombia.
- Santillana S.A.
  Torrelaguna 60-28043. Madrid.
- Santillana S.A., Av. San Felipe 731. Lima.
- Editorial Santillana S. A.
  Av. Rómulo Gallegos, Edif. Zulia 1er. piso
  Boleita Nte. Caracas 1071. Venezuela.
- Editorial Santillana Inc.
  P.O. Box 5462 Hato Rey, Puerto Rico, 00919.
- Santillana Publishing Company Inc.
  2043 N. W. 87 th Avenue Miami, Fl., 33172 USA.
- Ediciones Santillana S.A. (ROU)
  Javier de Viana 2350, Montevideo 11200, Uruguay.
- Aguilar, Altea, Taurus, Alfaguara, S.A.
  Beazley 3860, 1437. Buenos Aires.
- Aguilar Chilena de Ediciones Ltda.
  Pedro de Valdivia 942. Santiago.
- Santillana de Costa Rica, S.A.
  Apdo. Postal 878-1150, San José 1671-2050 Costa Rica.

Primera edición en Alfaguara: marzo de 1998
Tercera reimpresión: marzo de 1999

ISBN: 968-19-0446-X

Impreso en México

Índice

Con lugar a dudas

Amor vendimia

Casco urbano

Uno y los otros

Final

A Luz, una vez más.

Cuando el no ser queda en suspenso
se abre la vida ese paréntesis

PREGUNTAS AL AZAR (1986)

¿Habrá alguna idea que merezca
no ser pensada de nuevo?

ELÍAS CANETTI

Il faut souffler sur quelques lueurs pour faire
de la bonne lumière.

RENÉ CHAR

GRACIAS

a Alberto, Ambrosio, Claribel, Chus, Roberto, Sealtiel, Willie y por supuesto a Luz, que como siempre me ayudaron con su lectura crítica de estos poemas cuando sólo eran borradores.

CON LUGAR
A DUDAS

Como si nada

Si esta pobre existencia es como un puente
colgante entre dos áridos mutismos
vale decir entre dos muertes
a todas luces (o
mejor a todas sombras)
lo inapelable lo definitivo
lo importante vendría a ser la muerte

¿o no?
somos cardúmenes de vivos
que navegamos ciegos / consolables
de muerte a muerte y sin escalas

de esta tregua brevísima querría
llevarme algunas cosas
verbigracia el latido del amor
el libro que releo en los insomnios
la mirada sin niebla de los justos
y otra vez el latido del amor

esto de no ser más / de terminarse
tiene algo de aventura o de presidio
del ocaso al acaso media un palmo
de la nada a la nada va una vida

allá lejos / la simple ceremonia
de esa boca de niño junto a un pecho
de madre manantial
es un envite inútil a la nada
un simulacro espléndido / un adiós

21

pero la nada espera / no se olvida
de todas sus promesas serviciales
sus lágrimas de paz y protocolo
sus grietas en la tierra y en el cielo

¿cómo no ser curioso?
¿cómo no hacer apuestas a favor
o en contra hasta que alguien
pronuncie el no va más?

estoy henchido de curiosidad
callado como un pino en el crepúsculo
cuando el sol / ese impar / muere de a poco
y también él esconde sus vergüenzas

curioso y en silencio / yo me espío
a ver si la esperanza cicatriza
o si las servidumbres se desmandan
o si el secreto a voces me concierne

estoy flotante de curiosidad
ávido de saber o de sufrirme
flotante entre mis miedos

esclavo de mis auras
señor de mis cenizas

alguna vez la nada será mía
y yo / curioso
la venderé al mejor postor
y si él / a su vez / desencantado
la subasta en la plaza /
podré esfumarme al fin
como si nada

Pequeñas muertes

Los sueños son pequeñas muertes
tramoyas anticipos simulacros de muerte
el despertar en cambio nos parece
una resurrección y por las dudas
olvidamos cuanto antes lo soñado

a pesar de sus fuegos sus cavernas
sus orgasmos sus glorias sus espantos
los sueños son pequeñas muertes
por eso cuando llega el despertar
y de inmediato el sueño se hace olvido
tal vez quiera decir que lo que ansiamos
es olvidar la muerte
apenas eso

Resistencias

Hay quienes se resisten deshilachadamente
a morir sin haberse concedido
un año un mes una hora de goce
y esperan ese don cultivando el silencio
vaciándose de culpas y de pánicos
descansando en el lecho del cansancio
o evocando la infancia más antigua

así / con la memoria en rebanadas
con ojos que investigan lo invisible
y el desaliento tímido y portátil
que se cubre y descubre a duras penas
así miden el cuerpo torpe cándido
ese montón de riesgos y de huesos
áspero de deseos como llagas
que no elige agotarse mas se agota

merodean tal vez por la nostalgia
ese usual laberinto de abandonos
buscan testigos y no los encuentran
salvo en las caravanas de fantasmas

piden abrazos pero nadie cae
en la emboscada de los sentimientos

carne de espera / alma de esperanza
los desnudos se visten y no vuelven

el amor hace un alto en el camino
sorprendido in fraganti / condenado

y no obstante siempre hay quien se resiste
a irse sin gozar / sin apogeos
sin brevísimas cúspides de gloria
sin periquetes de felicidad

como si alguien en el más allá
o quizás en el más acá suplente
fuera a pedirle cuentas de por qué
no fue dichoso como puede serlo
un bienaventurado del montón

Como si fuéramos inmortales

Todos sabemos que nada ni nadie habrá de
    ahorrarnos el final
sin embargo hay que vivir como si fuéramos
    inmortales
sabemos que los caballos y los perros tienen las
    patas sobre la tierra
pero no es descartable que en una nochebuena se
    lancen a volar

sabemos que en una esquina no rosada aguarda
    el ultimátum de la envidia
pero en definitiva será el tiempo el que diga dónde
    es dónde y quién es quién

sabemos que tras cada victoria el enemigo regresa
    buscando más triunfos
y que volveremos a ser inexorablemente derrotados
    vale decir que venceremos

sabemos que el odio viene lleno de imposturas
pero que las va a perder antes del diluvio o después
    del carnaval
sabemos que el hambre está desnuda desde hace
    siglos
pero también que los saciados responderán
    por los hambrientos

sabemos que la melancolía es un resplandor
    y sólo eso

pero a los melancólicos nadie les quita lo bailado
sabemos que los bondadosos instalan cerrojos
    de seguridad

pero la bondad suele escaparse por los tejados
sabemos que los decididores deciden como locos
    o miserables
y que mañana o pasado alguien decidirá que no
    decidan

sintetizando / todos sabemos que nada ni nadie
    habrá de ahorrarnos el final
pero así y todo hay que vivir como si fuéramos
    inmortales

Monólogo de un quídam

Hoy estuve velando mis escombros
los del pasado y los contemporáneos
así aprendí que ciertas felonías
suenan a hueco en su epopeya fácil
y han perdido sus tristes atributos

hay una franja de rencor / lo admito
pero es un rencor inexpresivo
no olvido que antes era un manantial
y yo gozaba de aquel odio joven
que circulaba alegre por mis venas

hay ecos de belleza hoy cancelados
mordientes de lujuria y desconsuelo
pensar que no hace mucho eran fulgores
labios que socorrían a mis labios
pechos que se encontraban con mis manos

hoy estuve velando mis escombros
los pasados y los contemporáneos
y por las dudas fui dejando tiempo
para los azarosos / desafiantes
previsibles escombros del futuro

entre algunos pedruscos del recelo
flores y carantoñas del horror
hay un breve derribo fronterizo
donde los caracoles hacen guardia
ladrillos y adoquines toman sol

hay ropa sucia / fechas limpias
bancarrotas de amor / lascas de espanto

sentimientos añosos / sentimientos
que simulan ser jóvenes y frágiles
hay ropas limpias / fechas sucias

hoy estuve velando mis escombros
los del pasado y los contemporáneos
lo que quedó de mis demoliciones /
como hoja de servicios no me sirven
y como ruinas me desilusionan
son tan sólo una parte de mí mismo
que ha emigrado de mí como un pellejo

Futuro cada vez más jíbaro

A medida que la distancia
entre el presente y el final se acortan
y el futuro se aclara y se enaniza
y se está un poco harto
de husmear en los residuos del pasado
uno valora y hasta mitifica
la fusión con el cuerpo del amor
y una que otra mirada que atravesó la niebla

aquellos que se aman o se amaron
saben que allí estaba la clave
la negación del acabóse
y por supuesto la vacuna
contra el maldito desamparo

en el futuro cada vez más jíbaro
no figuran feriados ni esperanzas
menos aún llegan explicaciones
de por qué cómo dónde cuándo

el borde lejos ya está cerca
el borde cerca es un despeñadero
hay que aprender a sentir vértigo
como si fuese sed o hambre

¿Cómo se escribirá un poema existencial?

Vamos a ver
¿cómo se escribirá un poema existencial?
¿preguntando a la ceniza por el fuego?
¿al desmadrado por la madre?
¿a la migaja por el pan nuestro?
¿al muñón por el meñique?
¿al alma por su almario?
¿al piojo por el universo?
¿a la saliva por el beso?
¿a la cigüeña por el campanario?
¿al pez espada por su vaina?
¿al sordomudo por la cadencia?
¿a la seda por el gusano?
¿a la bienamada por su desamor?
¿al arbolito por sus pájaros?
¿al universo por el piojo?
¿al corazón por la puñalada?
¿al ruiseñor por la ruiseñora?
¿a la lágrima por su lagrimal?
¿a mí mismo por mi salvavidas?

supongo que a esta altura ya habréis adivinado
que he resuelto postergar mi poema existencial
para el siglo veintiuno o veintidós

Recién nacido

Ignorante del mundo y de sí mismo
deja el recién nacido su caverna
lejos y cerca de la piel materna
inaugura el candor de su egoísmo

mira en su entorno y es un espejismo /
la apenas asumida vida externa
no es todavía despiadada o tierna
pero ya muestra señas del abismo

aprenderá sin duda ese paisaje
que poco a poco en niebla se convierte
y empezará a enterarse del mensaje

donde estará la clave de su suerte /
ya ha reservado sitio para el viaje
sutil e inexorable hacia la muerte

El alma no es el cuerpo

Nos enseñaron desde niños
cómo se forma un cuerpo
sus órganos sus huesos
sus funciones sus sitios
pero nunca supimos
de qué estaba hecha el alma

¿será de sentimientos /
de ensueños / de esperanzas?
¿de emociones / de tirrias /
de estupores?

lo cierto es que / ignorada /
el alma arde en su fuego
tiene espasmos oscuros
punzadas de ternura
suburbios de delirio

¿será tal vez una inquilina
del corazón? ¿o viceversa?
entre ellos no hay frontera

¿o será la asesora
principal de la mente?
¿o viceversa?
entre ellas no hay disputa

¿o será capataza
de la pobre conciencia?
¿o viceversa?
entre ellas no hay acuerdo

33

el alma tiene hambres
y cuando está famélica
puede herir
puede armarse
de enconos o de furias

no hay que pensar que el alma
es un tul de inocencia
ajeno a los agravios
que sufren cuerpo y alma

en el alma se forman
abscesos de rencores
tumores de impaciencia
hernias de desamparo

el problema es que no hay
cirujanos de alma
ni siquiera herbolarios
el alma es un secreto / una noción
una nube que suele anunciar llanto
pero después de tantas búsquedas
de pesquisas inútiles
y de adivinaciones
nos queda apenas una certidumbre /
que el alma no es el cuerpo
pero muere con él

Garantes

Los pedacitos de felicidad
son como fiebres migratorias
llegan con la estación en alza
se van con el segundo frío

los pedacitos de congoja en cambio
derraman pétalos o miedos
pero también espinas despaciosas
que no se van / se quedan

desdicha y gloria retenidas
a puro ánimo en su borde
permanecen ahí como garantes
de la conciencia y de la muerte

Peros

Las circunstancias / tiempo en carne viva /
ponen a nuestro alcance pena y goces
pero
más de una vez nos llevan a remolque
amor es más que un juego o un diluvio
es el cuerpo y el alma a la intemperie
pero
si se va la lujuria ya no vuelve

el trabajo es un bálsamo / un compás /
gracias a él lidiamos con las horas
pero
hay un ocio final que no perdona

la vida puede ser un vendaval
que sacude mis sueños y tus duendes
pero
la vida tiene obligación de muerte

Bostezo

¿No te aburre asistir a esta sequía
de los sentimientos? ¿a esta
chafalonía de los vencedores?
¿al promesario de los púlpitos?
¿al fuego fatuo de los taumaturgos?
¿al odio de los viscerales?
¿no te empalagan los alabanceros?
¿la caridad de los roñosos?
¿el sesgo irónico de las encuestas?
¿los mentirosos constitucionales?
¿no te amola el zumbido de los frívolos?
¿las guasas del zodíaco?
¿el vaivén de la bolsa?
¿no te viene el deseo irreprimible
de abrir la boca en un bostezo espléndido?

pues entonces bosteza / hijo mío / bosteza
con la serenidad de los filósofos
y la cachaza de los hipopótamos

Celosías

Celosías para mirar
¿para mirar a quién?
al menos la conciencia
no es espiable
expiable puede ser
tiene pájaros propios
y alba propia
deseos vulnerados
cerrazones de culpa
árboles temblorosos
pedacitos de suerte
olor a nada
pero todo en un cofre
lleno de mundo
mundo de solo / claro /
abismo
enigma

celosías para mirar / y otras
para no ser mirado

A tientas

Se retrocede con seguridad
pero se avanza a tientas
uno adelanta manos como un ciego
ciego imprudente por añadidura
pero lo absurdo es que no es ciego
y distingue el relámpago la lluvia
los rostros insepultos la ceniza
la sonrisa del necio las afrentas
un barrunto de pena en el espejo
la baranda oxidada con sus pájaros
la opaca incertidumbre de los otros
enfrentada a la propia incertidumbre

se avanza a tientas / lentamente
por lo común a contramano
de los convictos y confesos
en búsqueda tal vez
de amores residuales
que sirvan de consuelo y recompensa
o iluminen un pozo de nostalgias

se avanza a tientas / vacilante
no importan la distancia ni el horario
ni que el futuro sea una vislumbre
o una pasión deshabitada

a tientas hasta que una noche
se queda uno sin cómplices ni tacto
y a ciegas otra vez y para siempre
se introduce en un túnel o destino
que no se sabe dónde acaba

Endecha por el tedio

Tedio / sopor / querido aburrimiento
desprovisto de excusas o razones
qué prodigiosa tu monotonía
qué confortable tu cansancio gris
qué subalterna tu condescendencia

ahora que el estruendo / el alboroto
el fragor de las voces / la metralla
la baraúnda de los vengadores
los aullidos del caos renovado
llenan la calle de un retumbo inútil

cómo añoramos tu chatura fértil
tu paz liviana / tu insignificancia
tu desarrollo del bostezo insomne
cómo querríamos que regresaras
tedio / sopor /querido aburrimiento

Eso no

Quiero que el mar dirima sus querellas
quiero que el cielo llueva como antes
quiero en el aire pájaros errantes
y que en la noche brillen mis estrellas

de todas tus edades quiero aquellas
que dejaban vivir sin atenuantes
no quiero / humanidad / que te quebrantes
ni que de tu malogro queden huellas

desapareceremos de uno en uno
en aras del injusto justiciero
y en el instante clave / el oportuno /

quizá perdamos ésta u otras lides /
pero tú eres mi cábala y no quiero /
humanidad plural / que te suicides

Más acá del horizonte

Más acá está la siembra / están los sueños
una infinita colección de rostros
la liturgia del mar y sus arenas
están los fuegos y está la ceniza
las inauguraciones y los ritos
las redes de la vida y la sencilla
la incorruptible muerte / la de todos

el horizonte / borde espurio y flaco
frontera del futuro / nada en cierne
es un enigma manso / tan hipócrita
que no asume su rango en el espacio
el horizonte es filo inofensivo
y sin embargo hiere desde lejos

las gaviotas lo asumen lo acompañan
y la noche lo cubre como puede
pero su línea nos persigue inmóvil
en la vigilia y en la duermevela

más acá está tu vientre tu espesura
la corteza del árbol que olvidaste
el espasmo imprevisto de los celos

las rondas de tu sangre / tus indultos
tus muertos y los míos / la campana
que se queja doliente en su clausura /
tu estilo de vivir o de apagarte

más acá estoy yo mismo / fanal tenue
que no ilumina ni desvela a nadie
escaso de propuestas y de súplicas
con mi cuerpo vulgar siempre a la espera

de tu cuerpo leal / ese desnudo
más acá estoy yo mismo / confundido
como un crédulo espejo sobre el agua
y no reflejo olas sino antorchas
que inventé como un juego y ya no invento

el horizonte mientras tanto vive
de su salitre y sus amaneceres
la ojeada del alba lo despierta
lo introduce flamante en el mercado
de luces de tinieblas y de sombras

el horizonte cesa cuando llueve
velado tras un llanto que no es suyo
o simplemente cuando tu mirada
deja de vislumbrarlo enceguecida

el tiempo en cambio no se esconde / ocurre /
nos deja turbios y turbados / pobres /

desengañados de éstas y otras ferias
de otros huecos de dios y otras visiones

la verdad es que todo lo que amamos
todo lo que nos duele y lo que somos
existe más acá del horizonte

AMOR
VENDIMIA

Sobre cartas de amor

Una carta de amor
no es un naipe de amor

una carta de amor tampoco es una carta
pastoral o de crédito / de pago o fletamento

en cambio se asemeja a una carta de amparo
ya que si la alegría o la tristeza
se animan a escribir una carta de amor
es porque en las entrañas de la noche
se abren la euforia o la congoja
las cenizas se olvidan de su hoguera
o la culpa se asila en su pasado

una carta de amor
es por lo general un pobre afluente
de un río caudaloso
y nunca está a la altura del paisaje
ni de los ojos que miraron verdes
ni de los labios dulces
que besaron temblando o no besaron
ni del cielo que a veces se desploma
en trombas en escarnio o en granizo

una carta de amor puede enviarse
desde un altozano o desde una mazmorra
desde la exaltación o desde el duelo
pero no hay caso / siempre
será tan sólo un calco
una copia frugal del sentimiento

una carta de amor no es el amor
sino un informe de la ausencia

Muchacha

Cuando pasa el vaivén de tu cintura
la calle queda absorta / deslumbrada
si desnuda te sueña la mirada
sos carne de cañón o de censura

las vidrieras reflejan tu figura
y el maniquí te envidia la fachada
tu presencia es un riesgo / todo o nada
tu encanto es integral / base y altura

el requiebro vulgar no te arrebola
parecés satisfecha con tu suerte
no te inquietan azares ni aureola

quizá porque estás lejos de la muerte /
ya que la sombra te ha dejado sola
aprovechá la luz para esconderte

Enamorarse y no

Cuando uno se enamora las cuadrillas
del tiempo hacen escala en el olvido
la desdicha se llena de milagros
el miedo se convierte en osadía
y la muerte no sale de su cueva

enamorarse es un presagio gratis
una ventana abierta al árbol nuevo
una proeza de los sentimientos
una bonanza casi insoportable
y un ejercicio contra el infortunio

por el contrario desenamorarse
es ver el cuerpo como es y no
como la otra mirada lo inventaba
es regresar más pobre al viejo enigma
y dar con la tristeza en el espejo

49

Mujer rehén

La mujer de aquel sueño era un rehén
al menos era suya mientras él
no la vendiera al despertar
y no iba a venderla nunca nunca

la mujer de aquel sueño era de sueño
y sus soñados pechos eran
insoportables de tan bellos
su pubis de deseo era soñado
y soñados los labios en custodia
de la lengua dulcísima y soñada

la mujer de aquel sueño era un rehén
al menos era suya mientras él
no la vendiera al despertar
y no iba a venderla nunca nunca

pero de pronto el nunca se acabó
y cuando abrió los ojos ya no estaba

Nostalgia

¿De qué se nutre la nostalgia?
Uno evoca dulzuras
cielos atormentados
tormentas celestiales
escándalos sin ruido
paciencias estiradas
árboles en el viento
oprobios prescindibles
bellezas del mercado
cánticos y alborotos
lloviznas como pena
escopetas de sueño
perdones bien ganados

pero con esos mínimos
no se arma la nostalgia
son meros simulacros

la válida la única
nostalgia es de tu piel

Como un milagro

La linda parejita que transcurre
por el viejo teclado de baldosas
sabe y no sabe de su amor a término
o de las marcas que impondrán los días

la linda parejita en su burbuja
no quiere saber nada de cenizas
ni de cuevas ajenas ni de fobias
sólo pide quererse a encontronazos

asume su pasión como una ergástula
nada de libertad condicionada
con sus dos soledades basta y sobra
con sus dos cuerpos y sus cuatro manos

tiene razón la linda parejita
no es fácil instalarse en la excepción
el plazo del amor es un instante
y hay que hacerlo durar como un milagro

Pocas cosas

En este mundo hay tan poquitas cosas
capaces de endulzarle a uno la vida /
digamos la esperanza amanecida
o la lluvia que brilla en las baldosas

me gusta la constancia de las rosas
que nunca dan su espina por perdida
y también la tristeza repetida
de las palmas tan solas y orgullosas
pero no hay nada tan profundo y leve
como el alma y el vértigo y los labios
de esa mujer que al verla nos conmueve

para ser alguien entre cielo y suelo
y salvarse del odio y sus resabios
nada como el amor y su consuelo

Piernas

Las piernas de la amada son fraternas
cuando se abren buscando el infinito
y apelan al futuro como un rito
que las hace más dulces y más tiernas

pero también las piernas son cavernas
donde el eco se funde con el grito
y cumplen con el viejo requisito
de buscar el amparo de otras piernas

si se separan como bienvenida
las piernas de la amada hacen historia /
mantienen sus ofrendas y enseguida

enlazan algún cuerpo en su memoria /
cuando trazan los signos de la vida
las piernas de la amada son la gloria

Massmedia

De los medios de comunicación
en este mundo tan codificado
con internet y otras navegaciones
yo sigo prefiriendo
el viejo beso artesanal
que desde siempre comunica tanto

Romeo de hogano

No me sirven estos ojos para mirarte
son demasiado tímidos y miopes
habrá que adiestrarlos para que te lean
cuando sonríes desde tu neblina
o dices adiós como quien dice quédate

no me sirven estos ojos porque parpadean
y a ti hay que mirarte sin tregua ni respiro
ya que de lo contrario eliges diluirte
en suspiros presagios y distracciones
y entonces nadie sabe a dónde te escabulles

no me sirven estos ojos porque a veces
a pesar de mi oficio de nictálope
no puedo adivinarte en tu balcón
cuando asumes la pena y el fracaso
de esta boca que no llega a tu boca

no me sirven estos ojos ni esta linterna
ni aun este sencillo proyecto de lujuria
a lo mejor no estás / a lo peor no existes
julieta favorita de mis huesos antiguos
quimera de mi afán y mi acabóse

No sé quién es

Es probable que venga de muy lejos
no sé quién es ni a dónde se dirige
es sólo una mujer que se muere de amor
se le nota en sus pétalos de luna
en su paciencia de algodón / en sus
labios sin besos u otras cicatrices /
en los ojos de oliva y penitencia

esta mujer que se muere de amor
y llora protegida por la lluvia
sabe que no es amada ni en los sueños /
lleva en las manos sus caricias vírgenes
que no encontraron piel donde posarse /
y / como huye del tiempo / su lujuria
se derrama en un cuenco de cenizas

Sonata para adiós y flauta

Te vas tan sola como siempre
te echaremos de menos
yo y los abrazos de la tarde
yo y mi alma y mi cuerpo

tu larga sombra se resiste
a abandonarnos / pero
has decidido que se fuera
contigo a todo riesgo

de todos modos no querría
que enterraras tu sueño
aquel en que tu amor de nadie
era como un estreno
te vas de nuevo no sé a dónde
y tu adiós es un eco
que se prolonga y nos alude
como un último gesto

nunca guardaste la ternura
como pan para luego
estoy seguro de encontrarla
liviana entre tus pechos

te vas con paso de derrota
pero no me lo creo
siempre has vencido en tu querella
contra el odio y el miedo

quién sabe allá lo que te aguarda
ese allá tan desierto
que se quedó sin golondrinas
todo erial / todo invierno

mas si una tarde te extraviaras
entre el mar y el espejo
recuerda siempre que aquí estamos
yo y mi alma y mi cuerpo

EL FARO Y
OTRAS SOMBRAS

La mendiga

La mendiga bajaba siempre a la misma hora y se situaba en el mismo tramo de la escalinata, con la misma enigmática expresión de filósofo del siglo diecinueve. Como era habitual, colocaba frente a ella su platillo de porcelana de Sèvres pero no pedía nada a los viandantes. Tampoco tocaba quena ni violín, o sea que no desafinaba brutalmente como los otros mendigos de la zona.

A veces abría su bolsón de lona remendada y extraía algún libro de Hölderlin o de Kierkegaard o de Hegel y se concentraba en su lectura sin gafas.

Curiosamente, los que pasaban le iban dejando monedas o billetes y hasta algún cheque al portador, no se sabe si en reconocimiento a su afinado silencio o sencillamente porque comprendían que la pobre se había equivocado de época.

Historia de fantasmas

Los dos fantasmas, uno azul y otro blanco, se encontraron frente a la caverna consabida. Se saludaron en silencio y avanzaron un buen trecho, sin pisarse las sábanas, cada uno sumido en sus cavilaciones. Era una noche neblinosa, no se distinguían árboles ni muros, pero allá arriba, muy arriba, allá estaba la luna.

—Es curioso —dijo de pronto el fantasma blanco—, es curioso cómo el cuerpo ya no se acuerda de uno. Por suerte, porque cuando se acordaba era para que sufriéramos.

—¿Sufriste mucho? —preguntó el fantasma azul.

—Bastante. Hasta que lo perdí de vista, mi cuerpo tenía quemaduras de cigarrillos en la espalda, le faltaban tres dientes que le habían sido arrancados sin anestesia, no se había olvidado de cuando le metían la cabeza en una pileta de orines y mierda, y sobre todo se miraba de vez en cuando sus testículos achicharrados.

—Oh —fue la única sílaba que pronunció o pensó o suspiró el fantasma azul.

—¿Y vos? —preguntó a su vez el otro—. ¿También tu cuerpo te trasmitía sufrimientos?

—No tanto mi cuerpo, sino los de otros.

—¿De otros? ¿Acaso eras médico?

—No precisamente. Yo era el verdugo.

El fantasma blanco recordó que allá arriba, muy arriba, allá estaba la luna. La miró sólo porque tenía necesidad de encandilarse. Pero la luna no es el sol.

Con una punta de su sábana impoluta se limpió una brizna de odio. Luego se alejó, flotando, blanquísimo en la niebla protectora, en busca de algún dios o de la nada.

Heterónimos

Antonio Machado, Fernando Pessoa, Juan Gelman crearon de un plumazo sus heterónimos, unos señores que tuvieron la virtud de complementarlos, ampliarlos, hacer que de algún modo fueran más ellos mismos. También yo (vanitas vanitatum) quise tener el mío, pero la única vez que lo intenté resultó que mi joven heterónimo empezó a escribir desembozadamente sobre mis cataratas, mis espasmos asmáticos, mi herpes zoster, mi lumbago, mi hernia diafragmática y otras fallas de fábrica. Por si todo eso fuera poco se metía en mis insomnios para mortificar a mi pobre, valetudinaria conciencia. Fue precisamente ésta la que me pidió: por favor, colega, quítame de encima a este estorbo, ya bastante tenemos con la crítica.

Sin embargo, como los trámites para librarse de un heterónimo son más bien engorrosos, opté por una solución intermedia, que fue nombrarlo mi representante plenipotenciario en la isla de Pascua. Por cierto que desde allí acaba de enviarme un largo poema sobre la hipotética vida sexual de los moairs. Reconozco que no está nada mal. Se nota mi influencia.

El faro

A aquel faro le gustaba su tarea, no sólo porque le permitía ayudar, merced a su sencillo e imprescindible foco, a veleros, yates y remolcadores hasta que se perdían en algún recodo del horizonte, sino también porque le dejaba entrever, con astuta intermitencia, a ciertas parejitas que hacían y deshacían el amor en el discreto refugio de algún auto estacionado más allá de las rocas.

Aquel faro era incurablemente optimista y no estaba dispuesto a cambiar por ningún otro su alegre oficio de iluminador. Se imaginaba que la noche no podía ser noche sin su luz, creía que ésta era la única estrella a flor de tierra pero sobre todo a flor de agua, y hasta se hacía la ilusión de que su clásica intermitencia era el equivalente de una risa saludable y candorosa.

Así hasta que en una ocasión aciaga se quedó sin luz. Vaya a saber por qué sinrazón mecánica el mecanismo autónomo falló y la noche puso toda su oscuridad a disposición del encrespado mar. Para peor de males se desató una tormenta con relámpagos, truenos y toda la compañía. El faro no pudo conciliar el sueño. La espesa oscuridad siempre le provocaba insomnio, además de náuseas.

Sólo cuando al alba el otro faro, también llamado sol, fue encendiendo de a poco la ribera y el oleaje, el faro del cuento tuvo noción de la tragedia. Ahí nomás, a pocas millas de su torre grisácea, se veía un velero semihundido. Por supuesto pensó en la gente, en los posibles náufragos, pero sobre todo pensó en el velero, ya que siempre se había sentido más ligado a los barcos que a los barqueros. Sintió que su recio corazón se estremecía y ya no pudo más. Cerró su ojo de modesto cíclope y lloró dos o tres lágrimas de piedra.

PAPEL
MOJADO

Papel mojado

Con ríos
con sangre
con lluvia
o rocío
con semen
con vino
con nieve
con llanto
los poemas
suelen
ser
papel mojado

Globalizaciones

La globalización
de la abusiva economía /
también la corrupción globalizada /
de un quinquenio a esta parte
van en globo
¿globo terráqueo? ¿no cautivo?

la globalización de la basura
nuclear y de la otra
y la cultura light globalizada
mass media y de la otra
son meros subproductos del gran globo

por eso recurrimos
en el clearing / el software / o en los surveys
al áspero lunfardo del imperio

es cierto que esa globalización
de nuestro pobre miserable globo
tiende a globalizar el desaliento

sólo si alguien algún día
pincha el globo / aleluya /
tal vez por fin se globalicen

los fueros de la gente
digamos vos y yo
y otros millones de inocentes
flamantes antropoides

Caracola

Aquella caracola me puso en el oído
todo el escándalo del mar
y no era hostil ni tierno ni sublime
tan sólo era el escándalo del mar

la caracola nunca me exigió
que yo le respondiera
y yo turbado no le respondía
quizá por eso enmudeció

sólo mucho más tarde cuando supe
o imaginé o deduje
que aquel silencio nómade
era una travesía
la caracola escrupulosa
volvió a ponerme en el oído
todo el escándalo del mar

pero el mar era otro
yo era otro

Soliloquio del desaparecido

Sin esperanza y sin alarmas
no sé si voy o permanezco
en esta niebla que me aísla
sin odio ni misericordia

todo lo ignoro del crepúsculo
esa guirnalda de imposibles
vengo de ahogos y estropajos
antes estaba / ya no estoy

sé que he dejado de escaparme
ya no respondo a nadie / a nada
he dicho no como un tañido
como un fragor como un repique

ahora estoy solo y sin hambre
me siento ingrávido y sin sed
no tengo huesos ni bisagras
no tengo ganas ni desgana

podría ser un esperpento
un trozo de alma / un alma entera
los muebles viejos y las calles
el bosque y todos los espejos
en un instante se esfumaron
o se inhumaron / ya no cuentan

sólo la luna se mantiene
casi al alcance de la mano
pero también perdí las manos
y las mandíbulas y el sexo

los rostros son apariciones
pasan y no hablan / hay algunos
que lloran con los labios secos
otros añoran a ojos vistas

tengo una duda medianera
entre lo real y lo soñado
he sido sueño tantas veces
que no me ubico en este insomnio

tuve una madre / de sus pechos
extraje vida o lo que fuese
¿cuál era el nombre? sólo sé
que anda con un pañuelo blanco

amé un amor / pero ella estuvo
porfiada / loca / tan hermosa
diciendo no como un rebato
como un temblor / como una queja

¿será esta niebla el infinito?
el infinito ¿será dios?
¿será que dios no se perdona
habernos hecho tan inermes?

no floto a ciegas / el espacio
tiene amarguras serviciales
pero no voy a padecerme /
el dolor viejo ya no es mío

cierto poeta / no sé quién
sopló en mi oído para siempre
dijo / ya va a venir el día

y dijo / ponte el cuerpo / creo
que existe un solo inconveniente
no tengo cuerpo que ponerme
no tengo madre ni mujer
no tengo pájaros ni perro

es la vacía soledad
solo sin llave y sin barrotes
solo expulsado de la vida
solo sin víspera de abrazos

podría ser un esperpento
un trozo de alma / un alma entera
pero se va neutra la niebla
y se suspende la alborada

hay manos tiernas en que estuve
hay llantos en la lejanía
voces que alzan siete signos
que fueron letras de mi nombre

no sé qué hice / si es que hice

en la memoria falta un río
faltan afluentes / hay apenas
un arroyito que es de sangre

todo se borra / por lo pronto
me desvanezco / vuelvo al limbo

así / sin más / desaparecen
algunos desaparecidos

Palabras menores

La palabra se engaña en el papel
como el oasis en los espejismos
y en vez de los relámpagos del libre
nos encomienda una canción cautiva

puede ser asimismo un artificio
talismán aportado por las lenguas
o el alerta con un hilo de voz
como punto de fuga o de clausura

la palabra interrumpe / no vegeta
convierte la memoria en un tatuaje
sobrevuela el espacio como un buitre
y se mete en plegarias y blasfemias

como cierre virtual de los silencios
lazarillo de la naturaleza
salvoconducto del malentendido
es un cruce de síes y de noes

si se astilla o se quiebra la palabra
nadie es capaz de reparar sus sílabas /
con la palabra nos quedamos mudos
porque todo nos queda por decir

Piojos

Concebir o tratar de imaginar
la cruda inmensidad del universo
es para enloquecerse lentamente

¿qué es después de todo este mundito
en la inconmensurable vastedad?
un piojo / apenas eso /
y marte / ese arrugado territorio
cuya espantosa soledad ya vimos
es otro piojo / un piojo muerto / claro /

al menos nuestro mísero planeta
es sólo un piojo / pero un piojo vivo

Esta paz

Esta paz / simulacro de banderas /
unida con hilvanes a la historia
tiene algo de perdón / poco de gloria
y ya no espera nada en sus esperas

es una paz con guerras volanderas /
y como toda paz obligatoria
no encuentra su razón en la memoria
ni tiene la salud de las quimeras

esta paz sin orgullo ni linaje
se vende al invasor / el consabido
me refiero a esta paz / esta basura /

mejor será buscarle otro paisaje
o amenazarla en su precoz olvido
con una puñalada de ternura

Lenguas muertas

Las trajinadas lenguas muertas
no son tan sólo griego antiguo
latín y sánscrito y sumerio

son asimismo lenguas muertas
o casi muertas / pero nuevas /
el fingimiento el ditirambo
la demagogia el subterfugio
el fanatismo los agüeros

las viejas lenguas eran vivas
cuando vibraban en la gente
y eran el habla del esclavo
del campesino y del apóstol
del artesano y de la puta

las viejas lenguas se murieron
de aburrimiento y de pudor
al recalar en falsos mitos
y amontonarse en los sermones

y sin embargo si les damos
otra vigencia / otro destino
otro sabor / las lenguas muertas
pueden cambiar de signo y pueden
resucitar al tercer día

Naturalmente

Naturaleza triste / plañidera
más honesta y metódica que nunca
horma del universo / madre arisca
te encogés / derramás / temblás de luto

las ciudades se esconden / con la misma
ceguera vegetal que te dedica
noche a noche el remoto firmamento
así hirieron tus junglas tu follaje

naturaleza original / sin copias
sos una sola entre blasfemia y cruz
sos el peñasco / el cierzo / los abismos
la planicie de sol / el mar de veras

te usaron sin amor / te mancillaron
desordenaron tu prolijidad
encasillaron tu desorden mágico
hostigaron con saña tu candor

y si ahora acudís con tus desastres
tus olas sísmicas tus terremotos
cráteres huracanes y sequías
no te sientas culpable / no enmudezcas

si el homo faber olvidó cuanto hizo
para quebrarte / para aniquilarte /
hoy ya podés subírtele a las barbas
tenés todo el derecho a tu odio ecuánime

El silencio

Qué espléndida laguna es el silencio
allá en la orilla una campana espera
pero nadie se anima a hundir un remo
en el espejo de las aguas quietas

Extinciones

No sólo las ballenas
los delfines los osos
los elefantes los mandriles
la foca fraile el bontebok
los bosques la amazonia
corren peligro de extinguirse

también enfrentan ese riesgo
las promesas / los himnos
la palabra de honor / la carta magna
los jubilados / los sin techo
los juramentos mano en biblia
la ética primaria / la autocrítica
los escrúpulos simples
el rechazo al soborno
la cándida vergüenza de haber sido
y el tímido dolor de ya no ser

habría por lo tanto que tapar
con buena voluntad y con premura
el agujero cada vez más grande
en la capa de ozono / y además
el infame boquete en la conciencia
de los decididores / así sea

Madre hipocresía

La madre hipocresía desembarcó en el patio
vino con sus hijitos y su proyecto rosa
vibraba como arpa / narraba como quena
gemía como viento / cantaba como grillo

la madre hipocresía cambiaba los pregones
nos hacía confiar en las marcas del cielo
decía el cautivante discurso del nordeste
con la humilde y sabrosa entonación del sur

sin embargo una noche la madre hipocresía
llegó desprevenida y la esperamos todos
como sobrevivientes recién desenjaulados
con la oscura mochila vacía de tabúes

le miramos sin lástima los ojos de tiniebla
la piel y los tobillos / los labios y la historia
y se fue disolviendo / disolviendo / y quedó
tan sólo un montoncito de roña y de cenizas

Luna de los pobres

La luna de los pobres
le brinda un toquecito
azul a los ladrillos

y con su lengua blanca
se introduce en el beso
como en un laberinto

la luna de los pobres
como no tiene frío
está siempre desnuda

y es grato contemplarla
con el frágil deseo
de las noches de luna

la luna de los pobres
cubre como una sábana
el cuerpo del que sueña

y su rueda convive
con los falsos enigmas
que llevamos a cuestas

la luna de los ricos
en cambio / saca brillo
al oro monigote

pero en las noches buenas
presume y se disfraza
de luna de los pobres

Che 1997

Lo han cubierto de afiches / de pancartas
de voces en los muros
de agravios retroactivos
de honores a destiempo

lo han transformado en pieza de consumo
en memoria trivial
en ayer sin retorno
en rabia embalsamada

han decidido usarlo como epílogo
como última thule de la inocencia vana
como añejo arquetipo de santo o satanás

y quizás han resuelto que la única forma
de desprenderse de él
o dejarlo al garete
es vaciarlo de lumbre
convertirlo en un héroe
de mármol o de yeso
y por lo tanto inmóvil
o mejor como mito
o silueta o fantasma
del pasado pisado

sin embargo los ojos incerrables del che
miran como si no pudieran no mirar
asombrados tal vez de que el mundo no entienda
que treinta años después sigue bregando
dulce y tenaz por la dicha del hombre

Ah soledades

Las soledades / jaulas de uno mismo
lista infinita de deseos pródigos
ruleta con apuestas al tuntún
libre administración de los azares
son / pese a todo / claves de una historia

las soledades saben de paciencia
de sentimientos estrujados / tímidos
de abstinencia de odios y rencores
de arrebatos sin causa ni secuelas
de protección de la ternura mártir

las soledades son hebras de muerte
pero sirven también para la vida
de miserias sobrantes se alimentan
o de ayunos lujosos que no importan
en realidad son sueños residuales

las soledades niegan la rutina
se incorporan al hueco del insomnio
son tan opacas o tan transparentes
como lo acepte el filtro de la noche
o lo permita el celador del alma

las soledades son deudas a término
incertidumbre de un destierro fértil
excusas del amor la sangre el sexo
ya que ejercen el raro monopolio
de inventar rostros cópulas promesas

las soledades son fiestas calladas
vaga frontera entre silencio y caos

radar que verifica alrededores
hasta que encuentra un prójimo / otro solo /
y le tiende su cabo de esperanza

las soledades pierden o hallan rumbos
conviven con milagros y fantasmas
se resguardan del sol y de la sombra
blindan su espacio propio / su clausura
y tienden a anudar los hilos sueltos

las soledades llenan un vacío
gracias a ellas nos despabilamos
y lentamente vamos aprendiendo
que el clan humano es después de todo
una congregación de soledades

El lugar del crimen

A pesar de psicólogos /
detectives / novelistas ingleses /
los asesinos en su mayoría
no vuelven al lugar del crimen
huyen por lo común despavoridos
en búsqueda de indultos
olvidos y fronteras
y cuando al fin suponen
que se encuentran a salvo
y consiguen un lecho
con mujer o sin ella
cierran los ojos sobre su fatiga
y penetran incautos en el sueño refugio

la sorpresa es que allí nunca hubo indultos
ni dispensas ni olvido ni fronteras
y de pronto se hallan
con que el lugar del crimen
los espera implacable
en el vedado de sus pesadillas

Signos del sur

El sur tiene sus cosas sus cositas
que lo hacen expuesto y promisorio
verdes de paz y cumbres de ironía
mascarones de proa y pánicos de popa
arroyitos de sangre junto a mares de sal
pellejos blancos y pieles oscuras
granujas del poder y buscavidas
proveedores de amén y novamás
galones y agonías
cruz del sur / farolitos
incansables toninas allá en el horizonte
teros que van gritando su engañifa /
el sur tiene sus cosas
llueve a baldazos / pero qué sequías
baila milongas de su poca suerte
distribuye el color de su añoranza
la pobre fiesta de sus carnavales
la consolidación de su pobreza
arroyitos de sangre junto a mares de sal
pero en las arterias el sur navega
circula el sur como castigo
y como premio fluye el sur

LABERINTOS

Vuelan las profecías

Es obvio que los aviones
vuelan más alto que los profetas
también es cierto que las profecías
rara vez aterrizan en la noche

a algunas profecías
en especial las melancólicas
les agrada rodar sobre pistas soleadas
o campos engañosamente azules
o nieblas esparcidas en el filo del mar

las más tristes reclaman lo posible
adiestrados escépticos gozan desbaratándolas
en cambio las alegres demandan lo imposible
y los esperanzados elaboran con ellas
estandartes / augurios / contraseñas

también ocurre que las profecías
más luminosas y descabelladas
más torrenciales y maravillosas
son las únicas que en vuelos rasantes
en páramos o atajos vecinales
no pierden el fulgor

ni el temblor
ni el humor
de sus profetas

Igualdad

En el viejo camposanto
hay sepulcros fanfarrones
criptas / nichos / panteones
todo en mármol sacrosanto
de harto lujo / pero en cuanto
a desniveles sociales /
en residencias finales
como éstas / no hay secretos
y los pobres esqueletos
parecen todos iguales

Caídas

Cada vez que me caigo miro el suelo /
sus hierbas sus hormigas o su nieve
me reciben como a uno de los suyos
y yo / por una vez / voy de terrestre

voy de terrestre y vengo de volátil
con brazo o ala heridos / disponibles
pero no importa / sangre es lo que sobra
y el alma no conoce alas ni bíceps

cada vez que me caigo recompongo
la biografía de este homo erecto
no tan erecto cuando está la tierra
tan inmediata y tan lejos el cielo

En primera persona

Un cielo melancólico acompañó mi infancia
dios era una entelequia de misa y sacristía
con siete padrenuestros y alguna avemaría
me otorgaba perdones su divina jactancia

luego poquito a poco fue tomando distancia
y un día me hallé lejos de aquella eucaristía
vi tantas injusticias y tanta porquería
que dios ya no era dios sino una circunstancia

se agravó mi conciencia maravillosamente
y cada vez son menos las cosas en que creo /
cuando interpelo a dios se va por la tangente

los milagros se venden de nuevo al menudeo
y así me fui cambiando de buen a mal creyente
de mal creyente a agnóstico / y de agnóstico a ateo

Papam habemus

Tutor de los perdones
distribuidor de penas
condona las condenas
condena los condones

Desde arriba

La inagotable sangre que se vierte en los mitos
los crímenes que amueblan las mejores sagas
los parricidios los incestos los tormentos
las erinneas las moiras
ilustran las rabietas celestiales

¿qué se podía esperar de los humanos
con ese mal ejemplo de los dioses?

Laberintos

De todos los laberintos el mejor
es el que no conduce a nada
y ni siquiera va sembrando indicios
ya que aquellos otros
esos pocos que llevan a alguna parte
siempre terminan en la fosa común

así que lo mejor es continuar vagando
entre ángulos rectos y mixtilíneos
pasadizos curvos o sinuosos
meandros existenciales / doctrinas en zigzag
remansos del amor / veredas del desquite
en obstinada búsqueda de lo inhallable

y si en algún momento se avizora
la salida prevista o imprevista
lo más aconsejable es retroceder
y meterse de nuevo y de lleno
en el dédalo que es nuestro refugio

después de todo el laberinto es
una forma relativamente amena
de aplazar cualquier postrimería

el laberinto / además de trillada metáfora
frecuentada por borges y otros aventajados
discípulos y acólitos del rey minos
es simplemente eso / un laberinto /
cortázar se quejaba / entre otras cosas /
de que ya no hubiera laberintos
pero qué sino un laberinto
es su rayuela descreída y fértil

99

forzado a elegir entre los más renombrados
digamos los laberintos de creta samos y fayum
me quedo con el de los cuentos de mi abuela
que no dejaba vislumbrar ninguna escapatoria

en verdad en verdad os digo que la única fórmula
para arrendar la esquiva eternidad
es no salir jamás del laberinto
o sea seguir dudando y bifurcándose y titubeando

o más bien simulando dudas bifurcaciones y
titubeos
a fin de que los leviatanes se confundan

así y todo el laberinto es tabla de salvación
para aquellos que tienen vocación de inmortales
el único inconveniente es que la eternidad /
como bien deben saberlo el padre eterno
y su cohorte de canonizados /
suele ser mortalmente aburrida

CASCO
URBANO

Asambleas

Vivimos en un curso de asambleas
los árboles de allá tal vez dilapidados
con los raros de aquí / muertos de poda
los flamencos se agrupan como sectas
y el lago les devuelve su encanto colectivo
los lobitos envueltos en petróleo
se juntan en racimos de agonía
se desplazan gregarios los delfines
leales a la vieja partitura
las noticias expanden multitudes
laburantes del mundo / si es que podéis / uníos
los grandes empresarios se abrazan sin fronteras
las ratas recuperan basurales / jardines /
famélicos corean sus baladas de hambre
los estados negocian cohechos y desechos
los ciegos alardean de sus tactos plurales
los desaparecidos se juntan en la amnesia
y el silencio de todos rompe el aire
el mundo es un compendio de asambleas
cada una en lo suyo y en su suerte
con sus náufragos propios y sus atormentados
cada una indiferente a la oferta contigua
cada una ajena a la desdicha prójima
asamblea de todos contra todos
abiertas entreabiertas encubiertas
sin un dios o demonio que proponga
un nuevo orden del día o de la noche

Puntos de vista

A veces cuando vuelvo a mi ciudad
puedo admitir que es fea
pero cuando la dejo me parece
de una belleza sin consuelo

no bien piso el umbral de los adioses
ya siento la premura de volver / aunque sepa
que sigue siendo fea

fea pero simpática
como esas flacas tiernas y avispadas
de las que uno solía enamorarse
mientras los falsos tímidos besaban
a seductoras rubias de prestado
y lucidez cero kilómetro

cuando regreso encuentro
que los árboles vuelven a turbarnos
y menean un fleco de su altivo ramaje
para que uno los mire y los rescate
del arbitrario olvido

siempre que vuelvo me emociona ver
a esas duras viejitas que antes fueron muchachas
y lloro de ateísmo al vislumbrar
que las muchachas se pondrán viejitas

no sé si por azar malasuerte o dulzura
la porfiada ciudad sigue en sus trece
(no hay catorce ni quince en el programa)

el mendigo que ha sido clase media
ahora tiene pinta de profesor emérito
y pide su limosna en versos yámbicos /
los profesores en cambio han aprendido
a vivir con tan poco que no tienen
problemas de bulimia o anorexia

siempre que vuelvo
la primavera está ventosa
y el verano reparte besos húmedos
parejas desparejas carecen de relojes
de ahí que lleguen tarde al lecho de lujuria
y dado que sus cuerpos están tan abatidos
los ponen en la ducha a cantar mañanitas

pero las mansas calles / callecitas de barrio
sembradas de adoquines / ésas valen la pena
con sus bóvedas de árboles inéditos
y sus caballos sueltos que aguardan como perros
el verde del semáforo

justamente las calles de barrio nos trasmiten
su dialecto de imágenes antiguas
sus casonas de averiado abolengo
y una que otra forchela de anticuario
parquecitos sellados por la historia
mausoleos rotundos anacrónicos
pobre bandera en asta de cemento
productos de la estética marcial

cuando vuelvo a vivir montevideo
las baldosas del sur brillan de lluvia
y en ese espejo inesperado caben
la vida y un resumen de la muerte

me voy apenas y volveré a penas
mis pies saben que pisan sueño patrio
cinco pasos al sur está el abismo
pero es el mío / yo soy quien decide

Postales

Ciudad de paces y contradicciones
pone su toponimia y sus anales
también sus glorias y sus bastardías
al servicio de intrusos y nostálgicos

siempre tuvo una historia en movimiento
con pasos y repasos que dejaron su huella
por eso hay panoramas para todos los gustos /
el nomenclátor callejero incluye
treintaiséis generales / ni uno menos /
y a veces muestra esquinas categóricas
que ingresan en la tarde como proas

hay olores de lunes y fragancias de viernes
rosaledas de miércoles y plazas de domingo
la noche es un safari por la vía de leche
y cada amanecer una propuesta virgen
el sol avanza ecuánime por techos y azoteas
eso cuando no llueve porque la soberana
lluvia lava perdones y lágrimas y culpas

conviene señalar que esta ciudad mantiene
rincones adecuados para la confidencia

no ha logrado un nivel de megalópolis
y en consecuencia su distrito espléndido
sólo alberga a plutócratas de tercera o de cuarta
mientras que el otro estrato / el de los pobres /
es en cambio insolvente de primera

se trata de una urbe con muchísimo cielo
y por fortuna pocos rascacielos
tiene andamios robustos para desocupados
y playas a gozar en las rabonas
poco creyente pero con iglesias
algunas coloniales y otras decorativas
su estilo provinciano incluye zonas
de sexo virtual y otras calistenias
venera a artigas y a maracaná
y sus corruptos son
ramplones y baratos

burgo de pocos chismes y retórica fácil
se siente orgullosísima de sus concentraciones
que defienden en vano causas justas
cuando los carnavales se aburre como ostra
y suele entretenerse contemplando naufragios
incendios y atentados en tevé

digamos que se trata de una villa
algo alborotadora pero suave
de a ratos bullanguera pero humilde

los invito a pasar /y no se vayan
que mañana por fin se inaugura la feria
latinoamericana sobre el macroconsuelo
y habrá matracas y hasta cocacola

En blanco y negro

Los mendigos anónimos
vienen del cine mudo
posan en blanco y negro

en la mano extendida
en el platillo estéril
en la gorra tumbada
en el viejo estribillo
en el tango que narra
de chanfle la miseria
está toda la historia
esa que no sabemos

los mendigos anónimos
antes tenían nombres
y memoria y subtítulos

De vereda a vereda

De vereda a vereda
nos saludamos torpes
no queremos saber
los quebrantos del otro

estamos más gastados
más tristes menos dóciles
más esquivos y tensos

de vereda a vereda
nos sentimos perdidos
y nos amilanamos
disimuladamente
sin raíz y sin diáspora
como fuimos y somos
como ya no seremos

de vereda a vereda
uno en sol / otro en sombra
todavía canjeamos
miradas en la niebla
el silencio madura
los guiños del pasado
uno en sombra / otro en sol

de vereda a vereda
nos buscamos el alma
cuando el cielo era nuestro
y la noche era estrellas

duelen algo los huesos
y el deseo y los nombres /
con la vista cansada
nos buscamos el alma
¿dónde están los que fuimos?
descontemos los muertos
que ya son transparentes
cristalinos tangibles

¿por qué razón o causa
seremos tan opacos
los diez sobrevivientes?

Lluvia

Yo conozco esta lluvia
este muro lavado
este dolor en paz
esta monotonía

los grafitti resisten
siguen diciendo basta /
viva / muera / go home /
luis y delia se quieren

pasan los hurgadores
los perros los mercedes
una pobre avioneta
bajo el techo de nubes

pese a mis viejas mañas
no se abre mi paraguas
me mojo hasta los tuétanos
las cejas me gotean

yo conozco esta lluvia
llanto de sur y lástimas
los sueños que se encharcan
apocalipsis mínimo

hace años bajaban
las lluvias melancólicas
y tras los ventanales
el amor abrigaba

la lluvia ¿qué nos riega?
¿será lluvia o será
la saliva de dios
que nos salpica?

Tantas ciudades

Hay ciudades que son capitales de gloria
y otras que son ciudadelas del asco

hay ciudades que son capitales de audacia
y otras que apenas son escombreras del miedo

pero aun sin llegar a esos extremos
en unas y otras hay rasgos comunes

el puerto / la avenida principal /
callejón de burdeles / la catedral severa

monumentos donde dejan sus flores
ex tiranos y sus máscaras de odio

hay suburbios que ocultan la otra cara
la miserable la mendiga

metrópolis de atmósfera viciada
y otras que apenas tienen un smog espiritual

ciudades con sus mafias barrasbravas y sectas
y otras con angelitos ya pasados de moda

pero aun sin llegar a esos extremos
ostentan atributos compartidos

por ejemplo el deber de estar alegres
durante el carnaval de fecha fija

y mostrarse llorosas y agobiadas
el día de difuntos o en su víspera
o estar enamoradas y tiernísimas
el st.valentine's day que trajeron del norte

hay ciudades que osan defenderse
de la hipocresía y el consumismo

y otras que se entregan indefensas
al consumismo y la hipocresía

ciertamente ninguna ciudad es tan infame
ni tan espléndida o deslumbrante

tal vez una y otra sean de fábula
pensadas desde cierta soledad ominosa

pero aun en las franjas de quimera
en los puntos que nacen del desvelo

hay ciudades para vivir / y otras
en las que no querría ni caerme muerto

Bahías

Las bahías son todas una sola
con naves diferentes pero iguales
que la luna convierte en espectrales
y el sol en resplandores que controla

la bahía sus velas enarbola
y más acá de bienes y de males
en su borde se mueven fantasmales
los muchachos de rock y cocacola

cada bahía tiene su solera
pero parecen al final del día
cortadas todas por igual tijera

y pese a la ritual topografía
la suya es una opción tan verdadera
que una bahía es siempre otra bahía

Máscaras

No me gustan las máscaras exóticas
ni siquiera me gustan las más caras
ni las máscaras sueltas ni las desprevenidas
ni las amordazadas ni las escandalosas

no me gustan y nunca me gustaron
ni las del carnaval ni las de los tribunos
ni las de la verbena ni las del santoral
ni las de la apariencia ni las de la retórica

me gusta la indefensa gente que da la cara
y le ofrece al contiguo su mueca más sincera
y llora con su pobre cansancio imaginario
y mira con sus ojos de coraje o de miedo

me gustan los que sueñan sin careta
y no tienen pudor de sus tiernas arrugas
y si en la noche miran / miran con todo el cuerpo
y cuando besan / besan con sus labios de siempre

las máscaras no sirven como segundo rostro
no sudan / no se azoran / jamás se ruborizan
sus mejillas no ostentan lágrimas de entusiasmo
y el mentón no les tiembla de soberbia o de olvido

¿quién puede enamorarse de una faz delegada?
no hay piel falsa que supla la piel de la lascivia
las máscaras alegres no curan la tristeza
no me gustan las máscaras / he dicho

El mar

Qual è l'incarnato dell'onda?
VALERIO MAGRELLI

¿Qué es en definitiva el mar?
¿por qué seduce? ¿por qué tienta?
suele invadirnos como un dogma
y nos obliga a ser orilla

nadar es una forma de abrazarlo
de pedirle otra vez revelaciones
pero los golpes de agua no son magia
hay olas tenebrosas que anegan la osadía
y neblinas que todo lo confunden

el mar es una alianza o un sarcófago
del infinito trae mensajes ilegibles
y estampas ignoradas del abismo
trasmite a veces una turbadora
tensa y elemental melancolía

el mar no se avergüenza de sus náufragos
carece totalmente de conciencia
y sin embargo atrae tienta llama
lame los territorios del suicida
y cuenta historias de final oscuro

¿qué es en definitiva el mar?
¿por qué fascina? ¿por qué tienta?

es menos que un azar / una zozobra /
un argumento contra dios / seduce
por ser tan extranjero y tan nosotros
tan hecho a la medida
de nuestra sinrazón y nuestro olvido
es probable que nunca haya respuesta
pero igual seguiremos preguntando
¿qué es por ventura el mar?
¿por qué fascina el mar? ¿qué significa
ese enigma que queda
más acá y más allá del horizonte?

Idas y vueltas

Cuando crecen indemnes las fanfarrias
los crímenes de ayer y de anteayer
los fallutos de hoy y de mañana
a uno le vienen ganas de escapar
o al menos de adquirir unas muletas
para el alma que está en reparaciones
o en penúltimo caso una aspirina
para el dolor de olvido

se volvieron sabihondos los grafitti
patria vení conmigo / yo me rajo /
me gusta y no me gusta / río y lloro
como exiliado para siempre y nunca

yo quisiera viajar pero quedarme
con mis muertos a cuestas / con mis vivos
con un perro de invierno hecho un ovillo
con un gato bisiesto hecho una sombra

si me escabullo clandestinamente
ha de ser con mis pájaros oblicuos
yéndome como ellos / migratorio
volviendo migratorio como ellos

irme y llegar / volver hasta eclipsarme
como siempre en el sur / consciente y mudo
la estampida no duele / duele el tiempo
el de la cuarentena y las ausencias

crecen en la derrota las fanfarrias
los crímenes de ayer y de anteayer
los fallutos de hoy y de mañana
no del país sino del universo

pero es inútil / nadie nos aguarda
más acá de la vida despareja
más allá de la muerte igualitaria

El barrio

Volver al barrio siempre es una huida
casi como enfrentarse a dos espejos
uno que ve de cerca / otro de lejos
en la torpe memoria repetida

la infancia / la que fue / sigue perdida
no eran así los patios / son reflejos /
esos niños que juegan ya son viejos
y van con más cautela por la vida

el barrio tiene encanto y lluvia mansa
rieles para un tranvía que descansa
y no irrumpe en la noche ni madruga

si uno busca trocitos de pasado
tal vez se halle a sí mismo ensimismado /
volver al barrio siempre es una fuga

Acuarela con burócrata

El burócrata sueña crisantemos
barcarolas y pezones corteses
guirnaldas de deseos y entelequias
burbujas y penélopes y arrobos

en su mundo de archivos y teclados
la ternura es un saldo a revisar
la paciencia una letra descontable
un fleco de imprevistos el delirio

el burócrata está en su ventanilla
como un guardabosques o un vigía
allí adquiere el oficio de los rostros
y el esperanto de las manos ásperas

su dolor desplegado tiene horarios
digamos diez minutos para el sollozo libre
y entre los documentos del último ejercicio
verifica el cansancio de las cifras

el burócrata sueña con oboes
con hiedras de perdón y labios mágicos
con jirones del sur / con nubes altas
con olas que se postran a sus pies

cuando suene el reloj / el de los límites /
colgará sus quimeras en la percha
y se aventurará en la calle sórdida
como en un arrabal del paraíso

Amanece

Aún me tiene el sueño
preso en su telaraña
aún / pero amanece
y es en pleno sosiego
sin gallos ni maitines

con dudas amanece
mientras yo me dedico
a estirar brazos / piernas /
es la forma en que trato
de convencer al cuerpo
de que llegó otro día

no sé si éste va a ser
exultante o fatal
todavía es temprano
y no leí el horóscopo
pero en el cielo anexo
hay nubes de placer
como algodón inmóvil

barajo algunos nombres
dolorosos / rituales

ojos de guiño verde
risas y rosas rojas

el alba no hace suya
tanta melancolía
y el corazón redobla
su latido inseguro

123

desde los pies me asiste
este viernes de marzo
confío en que me ayude
a soportar adioses
y otros prolegómenos
del tedio o de la fiesta

cuando el amanecer
acabe y se abra el día
adulto y pecador /
podré desperezarme
para dejarle sitio
a la otra pereza
la sabia
la del sol

Unos y
los otros

Formas de la pena

Cuando mataron a mi amigo hermano
borré los árboles y su vaivén
el crepúsculo tenue / el sol en llamas
no quise refugiarme en la memoria
dialogué con mis llagas / con las piedras
escondí mi desdén en el silencio
expulsé de mi noche los delirios
puse mi duermevela a la deriva
lloré de frío con los ojos secos
oré blasfemias con los labios sordos
metí el futuro en un baúl de nadie
en mis rencores inmolé al verdugo
pedí a los buitres que volaran lejos
y escupí en la barraca de los dioses
todo eso quise hacer pero no pude
cuando mataron a mi amigo hermano

La historia

Dijo cervantes que la historia
es el depósito de las acciones
y yo / salvadas las distancias / creo
que es un nomenclátor de expectativas

el historiador era para schlegel
apenas un profeta que miraba hacia atrás
y yo / salvadas las distancias / creo
que suele ser estrábico y a veces hipermétrope

por su parte el saber congelado sostiene
que los pueblos felices nunca tienen historia
y como en realidad todos la tienen
vaya sacando usted las conclusiones

a menudo la historia se vale de utopías
algunos aprovechan para erigirle estatuas
y luego es consagrada como infancia del mundo
o como fotocopia del futuro

la historia colecciona pálidos nomeolvides
lápidas de homenaje con hollines y mugre
y en su amplio muestrario de desdenes
figura hasta el humilde que vivió sin codicia

la historia está maltrecha / quebrantada
hace dos o tres siglos que no ríe
que no llora / no habla / acaso porque ahora
ya no hay quien le peine las mentiras

Feuilles mortes

No sólo de los árboles
también las de los libros
que otros y nosotros
fuimos abandonando
al borde del olvido

no sólo de los libros
también las de las puertas
que fueron clausuradas
para no encandilarnos
con tanta luz y penas

no sólo de las puertas
también de las espadas
que salvan / fintan / tumban
y al herirnos pregonan
su falta de confianza

Insomnio

El insomnio es un foro
de expectativas
las imágenes vuelan
no se esclavizan

ruinas y glorias
son datos fidedignos
de la memoria

yo no tengo otra llave
que tus preguntas
pero a veces no encuentro
la cerradura

sigo en desvelo
en el mundo que acecha
no se abre el sueño

el blanco cielo raso
no me seduce
y en el cielo de veras
tan sólo hay nubes

cierro los ojos
y estoy despabilado
como un custodio

la vigilia en la noche
quién lo diría
arrima sensaciones
desconocidas

son horas blancas
algo se mueve pero
no pasa nada

uno escucha el silencio
y de improviso
fluyen las añoranzas
y es como un río

la brisa eriza
y lejos canta un gallo
sus profecías

yo no tengo otra llave
que tus preguntas
pero a veces no encuentro
la cerradura

y si la encuentro
ya no querré dormirme
porque te tengo

Soneto gramatical

Abro la urna de los adjetivos
que estaban pálidos de tanta sombra
y la prosodia que articula y nombra
los recibe con puntos suspensivos

cansado de pronombres relativos
prefiero la sintaxis que me asombra /
las comillas / debajo de la alfombra
espían a los nuevos sustantivos

se turnan el temor y la osadía
entre los verbos que no dejan huella
y los paréntesis con su intervalo

con la sabia gramática o sin ella
no pensé que una noche escribiría
un soneto tan frívolo y tan malo

Cofre fort

En un cofre del cual tengo la llave
no es mucho lo que cabe

es cierto que allí siempre deposito
mis ahorros de tinto grapa y ron
y un anillo de mi abuela más iva
pero con los descuentos del amor

en un cofre del cual tengo la llave
no es mucho lo que cabe

es cierto que allí siempre deposito
los sueños con orgasmo y dignidad
chistes verdes y rojillos más iva
y los cheques que firma alí babá

en un cofre del cual tengo la llave
no es mucho lo que cabe

es cierto que allí siempre deposito
las cartas que te he escrito y no envié
los diez minutos de placer más iva
y un cartapacio con los pagarés

en un cofre del cual tengo la llave
no es mucho lo que cabe

¿Qué les queda a los jóvenes?

¿Qué les queda por probar a los jóvenes
en este mundo de paciencia y asco?
¿sólo grafitti? ¿rock? ¿escepticismo?
también les queda no decir amén
no dejar que les maten el amor
recuperar el habla y la utopía
ser jóvenes sin prisa y con memoria
situarse en una historia que es la suya
no convertirse en viejos prematuros

¿qué les queda por probar a los jóvenes
en este mundo de rutina y ruina?
¿cocaína? ¿cerveza? ¿barras bravas?
les queda respirar / abrir los ojos
descubrir las raíces del horror
inventar paz así sea a ponchazos
entenderse con la naturaleza
y con la lluvia y los relámpagos
y con el sentimiento y con la muerte
esa loca de atar y desatar

¿qué les queda por probar a los jóvenes
en este mundo de consumo y humo?
¿vértigo? ¿asaltos? ¿discotecas?
también les queda discutir con dios
tanto si existe como si no existe
tender manos que ayudan / abrir puertas
entre el corazón propio y el ajeno /
sobre todo les queda hacer futuro
a pesar de los ruines del pasado
y los sabios granujas del presente

De dónde la memoria

¿De dónde la memoria
llega y se mira
cual si buscara ahora
la fe perdida?

no tiene escapatoria
tierra baldía
el pasado se forma
de tentativas

si acuden las congojas
a nuestra cita
allí donde se posan
quedan cautivas

ya no viene la aurora
como solía
alegre y remolona
puerta del día

guitarras candorosas
sirven de guía
y sus hebras son glorias
que desafinan

el mar pone gaviotas
en las orillas
y el horizonte monta
su lejanía

ya se fue la memoria
desfallecida
y quedamos a solas
con esta vida

135

Ojos de buey

Cada vez que miro por el ojo de buey
veo un mar distinto a cualquier otro mar
no sé si es que el mar cambia mi mirada
o si es mi mirada la que transforma al mar

cada barco tiene sus bueyes de ojo único
bueyes tuertos que añoran su tristeza verde
en cambio el buey que tiene
su auténtica pradera
mira con sus dos ojos
y nunca añora el mar

cada vez que miro por el ojo de buey
veo un mar distinto a cualquier otro mar
pero a medida que pasan inviernos y oleajes
acecho con mi propio ojo de buey
mi propio y fatigado ojo de buey
y sin pudor añoro
el herbazal tan verde
de aquel viejo amor joven
su alegre novillada

Todos los adioses

Ya no recuerdo dónde fue
si en el mercado de las pulgas
o en la feria de tristán narvaja
o en algún tenderete de san telmo
lo cierto es que en una pobre mesa
sucia de años e intemperie
vi un llamativo álbum de anticuario
con los bordes dorados y las tapas de cuero

lo palpé con fruición de filatélico
y pareció entenderse con mis manos
pregunté el precio y era carísimo
el viejo me explicó con extraña dulzura
que se trataba de un ejemplar único
un álbum sorprendente
quién sabe de qué origen
especialmente diseñado
para coleccionar adioses
me hizo al fin de cuentas una buena rebaja
y ya no tuve excusas

después de todo en mi memoria había
adioses adecuados para un álbum tan virgen

año tras año fui llenando las casillas
el adiós inicial debe haber sido
a mi memoria del pecho materno
el segundo a un juguete
que se quebró en mis manos
luego a un pavorreal y su arco iris
la calle de adoquines con la niña y su perro
el marqués de cabriolas envuelto en serpentinas
gato más bien acróbata en pretiles de luna

la muchacha que aceptó el jubileo
la última promesa que naufragó en el barro
el premio y el castigo del trabajo
la amistad con trampas y confianzas anexas
el padre muerto en soledad y ahogo
y dos o tres hermosas utopías

ahora apenas queda la casilla
para el último adiós
el que vendrá

algún coleccionista de otro siglo
tal vez encuentre este álbum de anticuario
en el mercado de las pulgas clónicas
y lo lleve en secreto hasta su cueva
y allí despegue todos mis adioses
para pegar los suyos

Perdonavidas

Perdonavidas eligió su senda
descalzo caminó entre escombros propios
miró sus pies con cierta repugnancia
y se expulsó de la melancolía

perdonavidas perdonó su vida
de las calumnias hizo polvareda
midió los barcos desde el espigón
juró no irse pero fue perjuro

perdonavidas se metió en la lluvia
y así empapado pudo lo que quiso
y cuando el agua vino a deslumbrarlo
cerró los ojos en defensa propia

perdonavidas fabricó su adiós
con eslabones de la duda prójima
se fue de todos y de todo / errante /
y ya no tuvo ni perdón ni vida

Alegría de la tristeza

En las viejas telarañas de la tristeza
suelen caer las moscas de sartre
pero nunca las avispas de aristófanes

uno puede entristecerse
por muchas razones y sinrazones
y la mayoría de las veces sin motivo aparente
sólo porque el corazón se achica un poco
no por cobardía sino por piedad

la tristeza puede hacerse presente
con palabras claves o silencios porfiados
de todas maneras va a llegar
y hay que aprontarse a recibirla

la tristeza sobreviene a veces
ante el hambre millonaria del mundo
o frente al pozo de alma de los desalmados

el dolor por el dolor ajeno
es una constancia de estar vivo

después de todo / pese a todo
hay una alegría extraña / desbloqueada
en saber que aún podemos estar tristes

Chatarra

La verdad la verdad
es que allí hubo de todo
esperanzas sangrantes
ovaciones cortadas
esquirlas de monólogos
muñones de retórica
turbias lamentaciones
promesas desabridas
miedos como seísmos
veranos soporíferos
ratas coyunturales
aullidos con mordaza
expectativas locas
amores de penuria
hambres de cuatro días
ángeles con diabetes
convalecientes muertos
escupitajos duros
parpadeos vacíos
prepucios inservibles
esqueletos de pájaros
guijarros de estulticia
nostálgicos del oro
venenos sin alcohol
mensajes de suicidas
carcajadas de lata
pañuelos del adiós
crisantemos de nailon
trampas del catecismo
saliva efervescente
perdones de granuja
taquitos de ramera
pelucas de estadista

141

basuritas nucleares
pezones de hace tiempo
palabras desmayadas
la verdad la verdad
es que allí hubo de todo
verde podrida fósil
la chatarra del mundo

Llenuras

A dónde vamos a parar
los parvularios se han llenado de abuelos
el gobierno / de cándidos mafiosos
la zootecnia / de cachorros clónicos
el cielo / de helicópteros baldados
los huertos / de granadas de anteayer

a dónde vamos a parar
la iglesia se ha llenado de paganos
la cárcel / de anacrónicos profetas
las voces / de silencios
la vida / de osamentas
el amor / de estribillos

a dónde vamos a parar
la nostalgia se ha llenado de escombros
las bocas / de calumnias
la gloria / de fantasmas
el follaje / de hogueras
el porvenir / de nadas

a dónde
a dónde
a dónde vamos a parar

Espectro

Con el rojo de la mala sangre
el anaranjado del azafrán bastardo
el verde de los capotes castrenses
y el amarillo de la fiebre tal
con el azul de la vieja nobleza
una pisca de añil adulterado
y algún que otro erudito a la violeta
puede formarse
con un poco de suerte
un asco iris

Ojalá

La palabra ojalá es como un túnel o un ritual
por los que cada prójimo intenta ver lo que se
    viene
pero ojalá propiamente dicho sigue habiendo
    uno solo
aunque para cada uno sea un ojalá distinto

ojalá es después de todo un más allá
al que quisiéramos llegar después del puente
o del océano o del umbral o de la frontera

ojalá vengas
ojalá te vayas
ojalá llueva
ojalá me extrañes
ojalá sobrevivan
ojalá lo parta un rayo

al oh-alá de antaño se le fundió el alá
y está tan desalado que da pena
ahora es más bien una advertencia hereje
¡ojo alá!

ay de los ojalateros opulentos
sin hache y sin pudor
que piensan sólo en arrollar
a los ojalateros desvalidos

ay de los criminales de lo verde
ojalá se encuentren
con las pirañas
del mártir amazonas

145

Ser otro

No hay ser humano que no quiera ser otro
y meterse en ese otro como en una escafandra
como en un aura tal vez o en una bruma
en un seductor o en un asceta
en un aventurero o un boyante

sólo yo no quisiera ser otro
mejor dicho yo
quisiera ser yo
pero un poco mejor

FINAL

Zapping de siglos

Ahora que este siglo
uno cualquiera
se deshilacha se despoja
de sus embustes más canallas
de sus presagios más obscenos
ahora que agoniza como una bruja triste
¿tendremos el derecho de inventar un desván
y amontonar allí / si es que nos dejan
los viejos infortunios / los tumores del alma
los siniestros parásitos del miedo?

lo atestigua cualquier sobreviviente
la muerte es tan antigua como el mundo
por algo comparece en los vitrales
de las liturgias más comprometidas
y las basílicas en bancarrota

lo vislumbra cualquier atormentado /
el poder malasombra nos acecha
y es tan injusto como el sueño eterno
por algo acaba con los espejismos
y la pasión de los menesterosos /
archisabido es que sus lázaros

no se liberan fácilmente
de los sudarios y las culpas

quiero pensar el cielo cuando estaba
sin boquetes y sin apocalipsis
quiero pensarlo cuando era
el complemento diáfano del mar
pensar el mar cuando era limpio

149

y las aletas de los peces
acariciaban los tobillos
de nuestras afroditas en agraz

pensar los bosques / la espesura
no esos desiertos injuriosos
en que han ido a parar
sino como árboles y sombra
como follajes bisabuelos

¿a dónde irán los niños y los perros
cuando el siglo vecino nos dé alcance?

¿niños acribillados como perros?
¿perros abandonados como niños?

¿a dónde irán los caciquillos
los náufragos de tierra firme
los alfareros de la envidia
los lascivos y los soplones
de las llanuras informáticas?

¿dónde se afincarán los coitos baladíes
las gargantas profundas / los colores
del ciego / los solemnes esperpentos /
los síndromes de chiapas y estocolmo?

¿qué será del amor
y qué del odio
cuando el siglo vecino nos dé alcance?

este fin de centuria es el desquite
de los rufianes y camanduleros
de los callados cuando el hambre aúlla
de los ausentes cuando pasan lista

150

de los penosos vencedores
y los tributos del olvido
de los abismos cada vez más hondos
entre carentes y sobrados
de las erratas en los mapas
hidrográficos de la angustia

los peregrinos reivindican
un lugarcito en el futuro
pero el futuro cierra cuentas
y claraboyas y postigos

los peregrinos ya no rezan
cruje la fe de los vencidos
y en el umbral de la carroña
un caracol arrastra el rastro

los peregrinos todavía
aman / creyendo que el amor
última thule / ese intangible
los salvará del infortunio

los peregrinos hacen planes
y sin aviso fundan sueños
están desnudos como amantes
y como amantes sienten frío

los peregrinos desenroscan
su corazón a la intemperie
y en el reloj de los latidos
se oye que siempre acaso nunca

los peregrinos atesoran
ternuras lástimas inquinas
lavan sus huesos en la lluvia
las utopías en el limo

los que deciden cantan loas
a los horteras del dinero /
los potentados del hastío
precisan mitos como el pan

los que deciden glorifican
a los verdugos del placer
a cancerberos y pontífices
inquisidores de los cuerpos

desde su cúpula de nailon
una vez y otra y otra vez
los que deciden se solazan
con el espanto de los frágiles

tapan el sol con un arnero
se esconde el sol / queda el arnero
los memoriosos abren cancha
para el misil de la sospecha

¿cómo vendrá la otra centuria?
¿siglo cualquiera? ¿siglo espanto?
¿con asesinos de juguete
o con maniáticos de veras?

cuando no estemos ¿quién tendrá
ojos que ahora son tus ojos?
¿quién surgirá de las cenizas
para bregar contra el olvido?

¿quiénes serán amos del aire?
¿los pararrayos o los buitres?
¿los helicópteros? ¿los cirros?
¿las golondrinas? ¿las antenas?

temo que vengan los gigantes
a concedernos pequeñeces
o el dios silvestre nos abarque
en su bostezo universal
el pobre mundo sin, nosotros
será peor / a no dudarlo /
pero en su caja de caudales
habrá una nada / toda de oro

¿dará vergüenza ese silencio?
¿o será un saldo del bochorno?
¿habrá un mutismo generalizado?
¿o alguna sorda tocará el oboe?

damas y caballeros / ya era tiempo
de baños unisex / el buen relajo
será por suerte constitucional
durante el rictus de la primavera

no nos roben el ángelus ni el cenit
ni las piernas de efímeras muchachas
no elaboren un siglo miserable
con fanatismo y sábanas de virgen

¿habrá alquimistas que divulguen
su panacea en inglés básico?
¿habrá floristas para putas?
¿verdugos para ejecutores?

153

¿cabrá la noche en los cristales?
¿cabrán los cuerpos en la noche?
¿cabrá el amor entre los cuerpos?
¿cabrá el delirio en el amor?

el siglo próximo es aún
una respuesta inescrutable
los peregrinos peregrinan
con su mochila de preguntas

el siglo light está a dos pasos
su locurita ya encandila
al cuervo azul lo embalsamaron
y ya no dice nunca más

La vida ese paréntesis terminó de imprimirse en marzo de 1999, en Litográfica Ingramex, S.A. de C.V. Centeno 162, Col. Granjas Esmeralda, C.P. 09810, México, D.F.